DARE E RICEVERE FEEDBACK

- **Il problema:** Accettare le critiche non è sempre facile, così come non lo è saperle dare senza ferire o offendere una persona. Quali sono le tecniche da utilizzare per dare un feedback efficace e costruttivo? Come ottenere il meglio dalle critiche?

- **Perché è utile:** Il feedback è essenziale per voi e per i vostri collaboratori, in quanto consente a chi lo riceve di sviluppare, mantenere o correggere il comportamento per raggiungere un obiettivo prefissato.

- **Contesto professionale:** Gestione del team, competenze interpersonali, sviluppo personale.

- **FAQ**

  - Che cos'è il feedback?

  - Quando devo dare un feedback?

  - Che tono devo usare per assicurarmi che il mio feedback sia ben accolto?

  - Quali sono i passi da seguire?

  - Qual è la differenza tra feedback e giudizio?

  - Quali sono gli errori da non commettere?

  - Ho difficoltà ad accettare le critiche, come posso ricevere un buon feedback?

  - La persona interessata è molto sensibile, quindi come si fa a farle accettare il feedback?

DARE E RICEVERE FEEDBACK

L'essenza del dare e ricevere critiche costruttive

DARE E RICEVERE FEEDBACK

L'essenza del dare e ricevere critiche costruttive

scritto da Véronique Bronckart
tradotto par Sara Rossi

- Come posso essere sicuro che il mio feedback sia stato efficace?

- È possibile affrontare tutti gli argomenti in un feedback?

In una società in cui si parla sempre più di efficienza e sviluppo, è essenziale poter beneficiare di un feedback sul nostro lavoro per renderci conto dei nostri punti di forza, delle nostre debolezze o semplicemente del nostro margine di miglioramento. Tuttavia, se il feedback non fa parte delle abitudini dell'azienda in cui si lavora, come si può far capire a un dipendente o a un collega che il suo atteggiamento o i suoi metodi di lavoro non sono adeguati, senza ferirlo? Come si fa a congratularsi con qualcuno senza che poi si adagi sugli allori? Allo stesso modo, come accettate le critiche degli altri in modo costruttivo? Rimediate a questa situazione e introducete questa pratica nel vostro ambiente professionale! Che cos'è, però, esattamente il feedback?

In 50 minuti, questo testo vi invita a scoprire le regole d'oro per dare e ricevere un feedback costruttivo, al fine di renderlo uno strumento professionale di coaching e motivazione. Poiché il feedback sulle prestazioni aiuta i dipendenti a migliorare e offre prospettive di sviluppo, approfittate di tutti i nostri consigli per sfruttare al meglio questo tipo di scambio.

LE BASI DI UN FEEDBACK EFFICACE

CHE COS'È IL FEEDBACK?

Che cos'è il feedback?

 **TERMINOLOGIA**

Dalle parole inglesi *"feed"* e *"back"*, questo termine significa "riscontro". Secondo il Larousse, si tratta di un "processo [...] volto a provocare un'azione correttiva nella direzione opposta". In questo modo è possibile evidenziare i punti di forza e di debolezza emersi in un determinato momento, nonché le possibili vie di miglioramento.

Il feedback è un riscontro a una persona o a un gruppo di persone riguardo un progetto realizzato o un'azione eseguita in un determinato momento. Lo scopo di questo riscontro è quello di influenzare le azioni future modificando alcuni dettagli o rafforzandone la portata. Il feedback consente a un superiore di esprimere il proprio riconoscimento nei confronti di un dipendente o di un team: è un'occasione per congratularsi con una persona per il lavoro svolto. Ci sono due modi per dare un feedback:

- verbalmente, esprimendo chiaramente la propria opinione. Questo si chiama "feedback diretto";

- non verbalmente, con un gesto o con il silenzio. Si tratta di un "feedback indiretto" che convalida il comportamento dell'altro.

Affinché il feedback sia efficace, deve essere fornito tempestivamente e regolarmente dopo l'evento, mantenendo un certo grado di neutralità. È meglio farlo faccia a faccia in un luogo tranquillo. Il feedback non deve mai essere usato per giudicare o per cercare di cambiare la natura dell'individuo, perché ciò potrebbe causare un'offesa e/o una difesa. Il feedback non è una critica o una punizione. Non si tratta di esprimere l'insoddisfazione in modo violento; l'obiettivo del processo è rendere la persona interessata consapevole dei propri errori, dei margini di miglioramento o delle aspettative riposte in lei.

Il feedback sarà sempre concreto per aiutare un individuo a migliorare le proprie capacità, il proprio comportamento e quindi le proprie prestazioni. Dovrebbe quindi essere accompagnato da obiettivi chiari e precisi da raggiungere, in modo che la persona capisca perché deve cambiare il proprio approccio o rafforzare le proprie competenze in una particolare area.

I quattro tipi di feedback

Possiamo distinguere quattro tipi di feedback, che non hanno tutti lo stesso effetto sulla persona che li riceve. Si raccomanda un feedback rinforzante e correttivo, mentre si dovrebbero evitare feedback lusinghieri e provocatori.

- **Feedback di rinforzo** (positivo e specifico): le azioni vengono lodate e la persona viene incoraggiata a continuare su questa strada. Aumenta l'autostima e incoraggia la persona a continuare con il comportamento.

> *Esempio*
> *"Luca, apprezzo il fatto che tu ti occupi di questo dossier come una priorità. Deve essere ultimato questa settimana e senza la tua collaborazione non sarà possibile! Continua a prendere iniziative come questa."*

- **Feedback correttivo o costruttivo** (negativo e specifico): le azioni vengono criticate in modo positivo affinché vengano ottimizzate. Mantiene l'autostima e incoraggia il miglioramento del comportamento.

> **Esempio**
> *"Elisa, ho notato che questo mese sei arrivata in ritardo tre volte. Poiché questi ritardi sono di 10-15 minuti ogni volta, penso che si possa trovare facilmente una soluzione per rimediare."*

- **Feedback lusinghiero** (positivo ed evocativo di generalità): viene dato in qualsiasi momento e senza alcun motivo. Suscita sfiducia e abbassa l'autostima. La persona si sentirà in debito per qualcosa.

> *Esempio*
> *"Tommaso, sei il migliore! So che posso sempre contare su di te."*

- **Feedback provocatorio** (negativo e non specifico): si tratta più di un giudizio che di un feedback. Riduce notevolmente l'autostima e può causare blocchi.

> **Esempio**
> *"Mi sono sempre detto che non potevo fidarmi di te, e oggi me lo stai dimostrando di nuovo!"*

L'efficacia del feedback

Il feedback è uno strumento essenziale se si vuole evolvere attraverso aggiustamenti progressivi e raggiungere gli obiettivi prefissati. È uno strumento per comunicare, misurare e monitorare le prestazioni. Ci permette di sapere a che punto siamo, se stiamo facendo bene o male in una situazione. Inoltre, evidenzia i punti da migliorare per evitare il fallimento.

Per fornire un feedback ottimale, è indispensabile:

- avvertire la persona di prepararsi a ricevere il vostro feedback;

- attenersi ai fatti e descrivere le azioni intraprese e/o il comportamento osservato;

- spiegare le conseguenze di quest'ultima;

- chiedere alla persona di continuare ad agire nello stesso modo, nel caso di un feedback di rinforzo. In questo modo si garantisce la continuità dell'atteggiamento;

- non imporre dei cambiamenti, nel caso del feedback correttivo, ma suggerire di trovare una soluzione da soli.

Il feedback positivo soddisfa il bisogno di riconoscimento e di appartenenza del vostro interlocutore. Questo lo motiverà a continuare su un percorso positivo. Infatti, come indicato nella piramide di Maslow (psicologo americano, 1908-1970), i bisogni fondamentali degli esseri umani sono classificati in ordine di importanza. Secondo questa logica, il bisogno alla base della piramide deve essere soddisfatto per poter passare al livello successivo.

Sulla base di questo thread, il feedback positivo è un vero e proprio strumento di motivazione. In effetti, se guardiamo alla piramide dei bisogni, vediamo che il riconoscimento e la valorizzazione delle competenze sono un innegabile motore della motivazione. Senza questo riconoscimento, l'individuo sente sempre meno la necessità di fare uno sforzo e gradualmente si demotiva. D'altra parte, se il coinvolgimento dell'individuo è chiaramente identificato e notato, tenderà a ritenere che i suoi sforzi siano validi e che valga la pena continuare a progredire lungo questo percorso.

L'ARTE DI DARE UN FEEDBACK COSTRUTTIVO

La preparazione

Prima di dare un feedback, è necessario concordare il momento e il luogo giusto per darlo.

- **Il momento corretto.** È consigliabile iniziare la discussione con i dipendenti interessati il prima possibile dopo che i fatti sono stati resi noti, in modo che il feedback sia significativo e abbia l'effetto desiderato. Se viene dato tre mesi dopo, è probabile che il feedback sia inefficace: la persona interessata avrà probabilmente dimenticato di cosa si tratta e non capirà le vostre spiegazioni.

- **Il posto corretto.** È anche molto importante scegliere il posto giusto. Non è facile per voi né piacevole per l'interlocutore ricevere un feedback durante un pasto con i colleghi o davanti alla macchinetta del caffè durante una pausa. Pianificare un incontro con la persona interessata in un momento specifico e in un luogo neutrale. Informatelo in anticipo, in modo che non sia sorpreso e non si metta sulla difensiva.

Inoltre, rivolgetevi direttamente alla persona interessata, cioè non usate un intermediario (ad esempio un collega o un caposquadra) per dare un feedback, perché potrebbe distorcere ciò che dite o non comunicarlo affatto. Evitate di affidarvi alle parole degli altri e assicuratevi che l'interlocutore sia la persona che ha svolto l'azione di cui state parlando.

👁 DA EVITARE

- Dare un feedback di fronte a un gruppo di persone non coinvolte nei fatti.

- Aspettare la riunione annuale per dare un feedback.

- Dare un feedback su due piedi, senza prendersi il tempo di spiegarlo o di ascoltare l'interlocutore.

Dichiarare la situazione

Il primo passo per un feedback efficace è descrivere dettagliatamente il contesto in cui sono stati osservati i fatti. È necessario ricordare all'altra persona, in modo chiaro e concreto, la situazione in cui è stato osservato il comportamento o l'atto. Assicuratevi che ricordi e capisca di cosa state parlando.

Se dite: "Questo lunedì pomeriggio, durante la riunione con il fornitore Durant, ho notato che…", l'interlocutore individuerà immediatamente a cosa vi state riferendo e vi ascolterà con attenzione. Mentre se si inizia con: "Durante la riunione, ho notato che…", il vostro intervistatore dovrà pensare per cercare di ricordare la riunione di cui state parlando e ascolterà solo con un orecchio.

L'atteggiamento da adottare

Il feedback è sempre un'analisi di un comportamento o di un'azione e non è un giudizio. Siate il più possibile neutrali ed empatici. Non esprimete la vostra insoddisfazione in modo impulsivo o aggressivo, perché ciò potrebbe aggravare la situazione. Se si rimane obiettivi nell'esprimere il proprio punto di vista, che dovrebbe basarsi su fatti inconfutabili, l'interlocutore sarà più aperto e più propenso ad accogliere il feedback. L'uso di un linguaggio puramente descrittivo faciliterà il colloquio.

Dimostrate al vostro interlocutore che volete aiutarlo e non punirlo. Il feedback non deve essere un monologo, quindi ascoltate la persona: lasciate che si esprima e dia le sue spiegazioni, la sua opinione e i suoi sentimenti riguardo alla situazione.

Infine, cercate di trovare modi concreti e realistici per migliorare insieme. Incoraggiando la discussione e coinvolgendo il vostro interlocutore, questi si sentirà meno minacciato e diventerà consapevole dei cambiamenti da apportare. Se dite: "Da qualche tempo ho notato che i tuoi file non vengono più archiviati e si perdono. Puoi dirmi cosa intendi fare per risolvere questo problema?", la persona sarà più ricettiva e probabilmente cambierà il suo comportamento rispetto a quando la attaccherete con frasi del tipo: "Non hai mai i tuoi file in ordine, mi sta dando fastidio!"

Trasmettere il messaggio

Non date il vostro feedback all'improvviso, ma iniziate con una breve introduzione come "posso condividere con te…" per coinvolgere la persona interessata.

Mantenete il messaggio breve, chiaro e diretto. Non si tratta di filosofeggiare sul perché e sul percome. Evitate di essere troppo prolissi nelle vostre spiegazioni, basandovi, ad esempio, su altre esperienze comparabili che avete avuto. Ricordare i fatti con parole semplici e precise, in modo calmo e non aggressivo. L'importante è descrivere il comportamento osservato (positivo o negativo) e le conseguenze che ha avuto.

Assicuratevi che il vostro messaggio sia chiaramente compreso dall'interlocutore, in modo da evitare malintesi. Concludete il vostro discorso:

- incoraggiando l'interlocutore, nel caso di un feedback correttivo;

- dando elogi, se si tratta di un feedback di rinforzo.

Definire un obiettivo chiaro

Spiegate alla persona l'impatto che il suo comportamento ha avuto su di voi o sull'azienda. L'obiettivo non è farlo sentire in colpa, ma renderlo consapevole delle proprie azioni e delle conseguenze per incoraggiarlo a migliorare. Stabilite un obiettivo chiaro e assicuratevi che il vostro interlocutore abbia compreso le vostre aspettative e le nuove sfide. Altrimenti, potrebbe non capire il valore del cambiamento. Dategli la possibilità di esprimere eventuali suggerimenti per il miglioramento. Se non ne ha, discutetene e decidete insieme le azioni da intraprendere. Quindi convalidate le decisioni prese congiuntamente e dimostrate nuovamente il vostro sostegno.

Esempio
"D'ora in poi, assaggerai le tue salse prima di servirle in sala da pranzo, per assicurarti che non siano troppo salate. Mi fido di te, so che sei

in grado di preparare piatti eccellenti, come abbiamo già assaggiato".

Monitoraggio dei progressi

L'approccio che supporta il feedback è a lungo termine. È infatti probabile che l'interlocutore abbia bisogno di tempo per migliorare davvero: bisogna avere pazienza. Pertanto, dopo il colloquio, verificatene l'impatto. Vedete un cambiamento positivo nel comportamento dell'interlocutore? Se la risposta è "no", verificate che abbia compreso il vostro messaggio e, se necessario, chiedetegli di agire per migliorare.

 **AMMICCAMENTO DEL DATORE DI LAVORO**

Le tendenze mostrano che i datori di lavoro sono più propensi a usare il feedback per criticare. Tuttavia, è altrettanto importante lodare i dipendenti quando se lo meritano e incoraggiarli a continuare sulla strada giusta.

Errori da non commettere

Non è facile dare un feedback efficace, produttivo e gradito. Nella maggior parte dei casi, abbiamo paura di esprimerci male, che la nostra opinione venga mal interpretata e considerata come un rimprovero. Abbiamo anche paura di dire cose di cui potremmo pentirci in seguito e che potrebbero offuscare le nostre relazioni professionali.

L'ARTE DI RICEVERE E ACCETTARE FEEDBACK

Sebbene si tenda a incolpare la persona che dà il feedback per la sua efficacia, è altrettanto importante che la persona che riceve il feedback sia disposta ad ascoltarlo, comprenderlo e accettarlo. Raramente le critiche vengono accettate bene, spesso a causa della mancanza di fiducia in sé stessi. Affinché il colloquio sia il più costruttivo possibile, è indispensabile che il destinatario non si chiuda e ascolti attivamente.

Suggerimenti

- Siate ricettivi e aperti a ricevere feedback positivi. Evitate di giudicare troppo in fretta e di prendere le critiche sul personale. Concentratevi su ciò che viene detto, lasciate il tempo all'interlocutore di finire ciò che ha da dire.

- Ascoltate attentamente per comprendere l'intero quadro e poi apportate sfumature e miglioramenti.

- Non c'è bisogno di mettersi sulla difensiva o di giustificare tutto. Infatti, anche se c'è disaccordo sul feedback ricevuto, è meglio specificare solo le informazioni che si ritengono necessarie. In questo modo, si eviterà di continuare un dialogo in cui tutti cercano di capire chi ha ragione o chi ha torto.

- Assicuratevi di aver capito tutto. Se necessario, chiedete chiarimenti per non fraintendere ciò che viene detto. La persona che vi dà un feedback apprezzerà la serietà con cui prendete la situazione.

- Se la critica è ingiustificata, non esitate a dirlo con calma. Cercate di far capire il vostro punto di vista senza mettervi sulla difensiva.

- Per evitare di reagire "sul momento", fate un passo indietro. Spiegate che avete bisogno di tempo per riflettere.

- Anche se vi sentite attaccati durante il feedback, non esagerate, perché peggiorereste solo la situazione. Cercate di capire dove vuole arrivare l'altra persona. Se si sbaglia su alcuni punti – nessuno è perfetto – potreste sbagliarvi anche voi.

- Se siete sensibili per natura, tenete presente che il feedback ha lo scopo di aiutarvi ad andare avanti e a migliorare. Ricevere critiche non significa aver fallito, piuttosto avere il potenziale per andare oltre.

La matrice di Johari

Se viene ascoltato e accettato, il feedback può portare molti benefici, a cominciare da una migliore comprensione di noi stessi. Abbiamo solo una visione parziale di noi; fortunatamente questa può essere integrata dalle persone che ci circondano. Ricevendo critiche da loro, potrete visualizzare meglio i vostri difetti e le vostre qualità. A lungo andare, questo aumenterà la vostra fiducia in voi stessi.

Creata nel 1955 da Joseph Luft (1916-2014) e Harrington Ingham (1914-1995), due psicologi americani, la finestra di Johari è uno strumento che illustra la conoscenza che abbiamo di noi stessi e che gli altri hanno di noi.

Accettando il feedback sul vostro punto cieco, scoprirete punti deboli (e punti di forza) di cui forse non eravate consapevoli prima e potrete affrontarli (o rafforzarli) per progredire. Potrete anche ampliare l'area pubblica, facilitando così la comunicazione con gli altri.

 ## OCCHIOLINO AI DIPENDENTI

Prendetevi il tempo per discernere ciò che vi viene detto e considerate il feedback come uno strumento per aiutarvi a crescere, non come una condanna!

I MIGLIORI CONSIGLI

LE 12 REGOLE D'ORO

- Create un clima di fiducia rassicurando la persona interessata. Fatele capire che lo scopo del feedback è aiutarla, non punirla.

- Rimanete neutrali e non giudicate.

- Vietate gli atteggiamenti negativi e aggressivi.

- Procedete per gradi: introduzione, spiegazione dei fatti in questione, scambio, nascita di soluzioni.

- Adattate il vostro feedback all'interlocutore e alla sua personalità, in modo che ne tragga beneficio.

- Evitate il sovraccarico di informazioni, limitatevi all'essenziale!

- Abbiate un messaggio chiaro e preciso.

- Verificate che il messaggio e lo scopo siano compresi.

- Fate riferimento all'azione o ai fatti, non alla persona.

- Ascoltate e parlate con l'interlocutore.

- Concordate i miglioramenti da apportare.

- Trovate una conclusione positiva, che includa l'incoraggiamento e la rassicurazione per avere fiducia nelle soluzioni trovate.

FAQ

CHE COS'È IL FEEDBACK?

Il feedback è la valutazione del comportamento o dell'azione di una persona, fornita con l'obiettivo di modificarla o mantenerla. Il feedback non è giudicante. Può essere positivo o negativo – purché la critica rimanga costruttiva – e verbale o non verbale.

QUANDO DEVO DARE UN FEEDBACK?

Il feedback dovrebbe essere fornito il prima possibile dopo l'avvenimento per essere più efficiente. Se si fornisce un feedback un mese o più dopo l'azione, l'interlocutore potrebbe non ricordare alcuni dei dettagli che gli vengono rimproverati e potrebbe non capire il motivo per cui glielo state dicendo. Non è nemmeno necessario aspettare che un comportamento occasionale sia degno di essere evidenziato. In effetti, il feedback è anche un ottimo strumento di riconoscimento e può essere dato in qualsiasi momento per incoraggiare il personale.

CHE TONO DEVO USARE PER ASSICURARMI CHE IL MIO FEEDBACK SIA BEN ACCOLTO?

Usate un tono neutro ma empatico. Se si è troppo informali, l'interlocutore potrebbe non prendere sul serio le vostre osservazioni. Tuttavia, non cercate nemmeno di essere troppo duri, o le vostre osservazioni potrebbero essere percepite negativamente.

QUALI SONO I PASSI DA SEGUIRE?

Per fare in modo che il vostro feedback sia costruttivo, iniziate a prepararlo: informate la persona interessata e fissate un appuntamento con lei. Durante il colloquio, create un clima di fiducia, spiegate i fatti, chiedete la sia opinione e i suoi sentimenti in modo che si senta coinvolta. Infine, cercate di trovare insieme le soluzioni per migliorare. Non dimenticate di rassicurare l'interlocutore: il feedback non deve diventare una fonte di disagio o di paura.

QUAL È LA DIFFERENZA TRA FEEDBACK E GIUDIZIO?

Il feedback si basa su un atto o un comportamento e non mette in discussione la personalità dell'individuo interessato. Non deve avere un impatto negativo sull'autostima o sulla fiducia in sé stessi, né deve influire sulla motivazione e sull'efficacia della persona a cui viene dato. Lo scopo del feedback è quello di incoraggiare un ulteriore miglioramento. Un giudizio, invece, è una valutazione, un'opinione basata su qualcuno o qualcosa, senza necessariamente essere giustificata.

QUALI SONO GLI ERRORI DA NON COMMETTERE?

- È importante non essere aggressivi o giudicanti, perché ciò potrebbe peggiorare la situazione.

- Il feedback non passa tra due porte, alla portata di orecchie maligne.

- Non trasformatelo in un monologo che impedisca all'altra persona di intervenire e di esprimere la propria opinione o i propri sentimenti. Ricordate che il feedback deve essere costruttivo e non punitivo. È indispensabile eliminare ogni ambiguità per evitare interpretazioni errate.

- Non basate il vostro messaggio su opinioni o generalità altrui; privilegiate la chiarezza e l'inconfutabilità dei fatti.

HO DIFFICOLTÀ AD ACCETTARE LE CRITICHE, COME POSSO RICEVERE UN BUON FEEDBACK?

Per ricevere un feedback positivo, siate ricettivi e aperti. Ascoltate attentamente ciò che l'interlocutore vuole dire. Non mettetevi sulla difensiva, perché non servirebbe a nulla. Se necessario, potete chiarire le cose e chiedere di spiegare i fatti.

LA PERSONA INTERESSATA È MOLTO SENSIBILE, COME SI FA A FARLE ACCETTARE IL FEEDBACK?

Se l'interlocutore è molto sensibile, è bene creare fiducia e rassicurarlo sullo scopo del feedback con un tono neutro, ma empatico. Ricordategli che il feedback non è una critica o un giudizio negativo, ma un'occasionale osservazione costruttiva per aiutarlo a migliorare. Il feedback deve renderlo consapevole dei suoi punti di forza e di debolezza, nonché del suo potenziale di miglioramento. Spiegate chiaramente l'impatto del suo comportamento e le vostre aspettative e lasciate che esprima i propri sentimenti in modo che si senta ascoltato e compreso. Chiedetegli di suggerire punti da migliorare. Se è lui stesso a proporre soluzioni, queste saranno accettate più facilmente.

 **RIMANERE POSITIVI**

Siate positivi, comprensivi e incoraggianti. Un buon leader è un leader responsabile, che spinge il proprio team a crescere misurando e premiando gli sforzi.

COME POSSO ESSERE SICURO CHE IL MIO FEEDBACK SIA STATO EFFICACE?

È necessario un follow-up delle azioni di miglioramento definite con la controparte per garantire che sia in atto un processo di cambiamento o di evoluzione. L'impatto del feedback si vede a lungo termine.

È POSSIBILE AFFRONTARE TUTTI GLI ARGOMENTI IN UN FEEDBACK?

Non tutto può essere discusso durante il feedback. Ad esempio, non è consigliabile parlare della situazione personale dell'altro o di eventuali problemi psicologici. Ciò potrebbe causare risentimento da parte dell'altra persona e quindi aggravare la situazione. Inoltre, basarsi su elementi della vita privata di altre persone può portare a conclusioni sbagliate.

STA A VOI DECIDERE!

ESERCIZIO

Leggete e analizzate il seguente feedback:

IL SUPERIORE – Ciao Paolo, devo dirti una cosa, vieni nel mio ufficio.

L'IMPIEGATO – Salve signor direttore, sì certo…. C'è qualche problema?

IL SUPERIORE – Ho appreso che il tuo intervento alla riunione di marketing è stato piuttosto inopportuno, spero che non si ripeta!

DIPENDENTE – Di quale intervento sta parlando?

SUPERIOR – Mi riferisco alla tua osservazione sul nuovo concetto introdotto dai colleghi a Parigi.

IL DIPENDENTE – Volevo solo sottolineare che ci sono stati alcuni errori...

IL SUPERIORE – L'errore è stato il modo in cui ti sei permesso di criticarli! Hai rovinato il nostro rapporto professionale con la squadra inglese! Spero non accada di nuovo. Puoi andartene e tornare al tuo lavoro.

- Che tipo di feedback è questo?

- È un feedback efficace?

- L'atteggiamento del manager di linea è appropriato e giustificato?

- Il feedback si conclude con una nota positiva?

- Cosa pensate che debba essere cambiato perché il feedback sia costruttivo?

PER APPROFONDIMENTI

FONTI BIBLIOGRAFICHE

"Definizione della finestra di Johari di Luft Ingham", in *LeDicoDuMmarketing.fr*, consultato il 30 luglio 2015.

http://www.ledicodumarketing.fr/definitions/fenetre-de-johari-de-luft-ingham.html

"Feed-back", in Larousse.fr, consultato il 25 agosto 2015.

http://www.larousse.fr/dictionnaires/francais/feed-back/33157

"La piramide dei bisogni di Maslow", in *PsychologueDuTravail.com*, 2009, consultato il 30 luglio 2015.

http://www.psychologuedutravail.com/?s=pyramide+-di+a

Noyé (Didier), *Donner et recevoir du feed-back : la reconnaissance et du recadrage*, Paris, Julhiet Éditions, 2012.

STONE (Douglas) e HEEN (Sheila), *Thanks For The Feedback: The Science And Art Of Receiving A Feedback Well*, New York, Penguin Group, 2014.

WHITMORE (John), *Guida al coaching*, Parigi, Maxima, 2008.

FONTI AGGIUNTIVE

52 suggerimenti tra cui scegliere. Dare e ricevere feedback, Tarsul, Mieux-Apprendre, 2014.

Gautier (Bénédicte) e Vervish (Marie-Odile), *Le Manager Coach*, Parigi, Dunod, 2008.

Pohu (Gilles), *Feedback. L'harmonie dans les relations*, Salaberry-de-Valleyfield, Marcel Broquet, 2014.

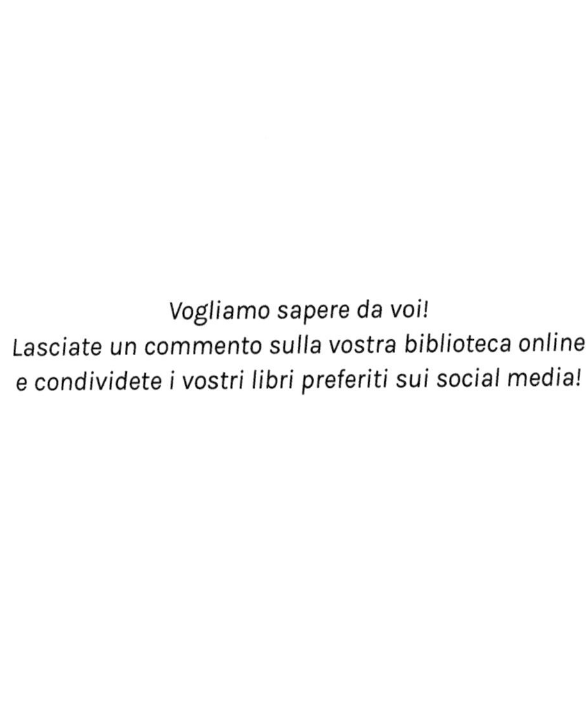
Vogliamo sapere da voi!
Lasciate un commento sulla vostra biblioteca online
e condividete i vostri libri preferiti sui social media!

Master ISBN: 9782808608268
ISBN cartaceo: 9782808609470
Deposito legale: D/2023/12603/132

Design digitale: Primento,
il partner digitale degli editori.